AF884839

Qui parle français ?

Livre 10

par Carla Tarini
illustrations par Esther Rosier

Qui parle français ? Livre 10

First edition 2020

Author: Carla Tarini
Editor: Kirstin Plante
Copy editor: Anny Ewing
Illustrator: Esther Rosier
Design: Arcos Publishers

Arcos Publishers
Molengouw 36
1151 CJ Broek in Waterland
The Netherlands
info@arcospublishers.com
www.arcospublishers.com

ISBN 9789490824402

BISAC LAN012000
Keywords: language learning, French language, French-speaking cultures
Language level: CERF: A2, ACTFL: novice-high

Contents

Marie
Mariterangi
1926 – 1971

Je m'appelle Marie Mariterangi

Je m'appelle Marie Mariterangi.

Je suis née en 1926 (mille neuf cent vingt-six) à Hikueru.

Hikueru est en Polynésie Française, située dans l'océan Pacifique Sud.

Hikueru est un petit atoll ovale qui fait 15 (quinze) sur 9 (neuf) kilomètres.

J'adore la musique et toute ma famille est musicienne.

Ma sœur, Emma Terangi, est célèbre, comme moi.

J'aime écouter sa chanson, *Hinamoe*. Elle chante lentement et doucement.

Je sais jouer de la guitare et je sais jouer du ukulélé.

Pour moi, la musique tahitienne est superbe.

Les rythmes sont fantastiques. J'adore ça !

Je chante des chansons traditionnelles, comme *La Ho'i Atu Au Ite Fare*.

Est-ce que je suis reine de la musique kaina[1] ? Je pense que oui.

Je chante dans les hôtels de luxe de Tahiti, comme l'hôtel Les Tropiques.

Le peintre Paul Gauguin va à l'hôtel Les Tropiques. Il aime visiter Tahiti.

J'aime aussi danser. J'aime la danse traditionnelle.

Est-ce que je suis le symbole de la joie de vivre tahitienne ? C'est possible !

1. Kaina music is a popular music style of the South Pacific islands.

Je m'appelle Auguste Rodin

Je m'appelle Auguste Rodin.

Je suis né le douze novembre 1840 (mille huit cent quarante) en France.

J'aime dessiner. J'ai des professeurs d'art que j'apprécie beaucoup.

Je suis artiste. Je suis sculpteur.

La vie n'est pas toujours facile pour un artiste. J'ai des difficultés dans ma vie.

Je vais en Italie et je suis impressionné par les trésors artistiques italiens.

J'aime les sculptures de Donatello. J'adore l'art du génie Michel-Ange.

Une association veut une sculpture d'Honoré de Balzac, un écrivain français.

C'est difficile de capturer le génie créatif de Balzac. Je fais un énorme effort.

L'association et la presse rejettent ma sculpture.

Je n'aime pas quand les personnes critiquent mes sculptures.

Heureusement, j'ai aussi des admirateurs, comme le peintre Claude Monet.

J'ai une amie qui fait de la sculpture aussi : Camille Claudel.

Est-ce que Camille a une influence sur moi ou vice versa ? C'est difficile à dire.

Je pense que la sculpture réaliste est plus belle que la sculpture décorative.

Je pense que la liberté artistique est très importante.

Quelle est ma sculpture la plus célèbre ? Je pense que c'est...

Auguste
Rodin
1840 – 1917

Isabelle
Eberhardt
1877 – 1904

Je m'appelle Isabelle Eberhardt

Je m'appelle Isabelle Eberhardt.

Je suis née à Genève, en Suisse, en 1877 (mille huit cent soixante-dix-sept).

Je parle français, russe, italien, arabe et bien d'autres langues.

Je m'intéresse à la philosophie, la géographie et l'histoire.

J'aime lire. Je lis tout le temps. J'adore la littérature et la poésie.

J'ai des livres de Voltaire et du poète Charles Baudelaire.

J'aime écrire. J'écris des essais sur le thème anticolonialiste.

Ma famille est non-conformiste. Moi aussi, je suis non-conformiste.

Je préfère les vêtements d'hommes. Je suis plus libre comme ça.

De temps en temps, je me présente comme Nadia.

De temps en temps, je me présente comme Nicolas ou comme Mahmoud.

Je suis fascinée par l'Afrique du Nord et le désert du Sahara.

Je vais en Algérie. J'aime l'Algérie. J'aime les Algériens.

En Algérie, je fais partie du jeu des chevaux, la fantasia. C'est dangereux !

Est-ce que je suis née à nouveau en Algérie ? C'est très possible.

Je pense que le destin est important. J'obéis à mon destin.

Je veux savoir qui je suis. Je veux être libre. Je suis nomade.

Je m'appelle Jean-Paul Sartre

Je m'appelle Jean-Paul Sartre.

Je suis né en 1905 (mille neuf cent cinq) à Paris, en France.

Est-ce que j'ai une enfance typique ? Mes livres sont mes meilleurs amis.

Il y a des garçons qui m'intimident. Ils me harcèlent[2].

Je suis étudiant à l'ENS[3], une université superbe et super préstigieuse.

J'aime penser et écrire. Je suis journaliste, activiste et philosophe.

Je vais au Café de Flore avec Simone de Beauvoir, une amie philosophe.

Je refuse mon prix Nobel. Le prix Nobel ne m'intéresse pas.

Je déteste le colonialisme en Algérie.

Qui accepte la responsabilité pour les crimes en Algérie ?

J'écris et je résiste. Je résiste et j'écris. Et encore. Et encore.

Je pense beaucoup à l'existence et à la condition humaine.

Est-ce que l'homme est libre ? C'est une question importante.

Si l'homme est libre, est-ce qu'il est responsable ?

J'ai des difficultés avec l'existence. C'est bizarre, n'est-ce pas ?

Je pense que l'existence est très complexe.

Je pense que j'ai la nausée... parce que je pense trop à l'existence. Beurk !

2. ils me harcèlent – they bully me

3. l'ENS – l'École normale supérieur

Jean-Paul
Sartre
1905 – 1980

Esther
Kamatari
1951

Je m'appelle Esther Kamatari

Je m'appelle Esther Kamatari.

Je suis née en 1951 (mille neuf cent cinquante et un) au Burundi.

Le Burundi est en Afrique de l'Est, au cœur de la région des Grands Lacs.

Je parle kirundi et français. Le kirundi est la langue officielle du Burundi.

Je viens d'une famille royale. Mon père est un prince. Mon oncle est le roi.

Moi, je suis une princesse. Je suis une princesse en exil.

Après le coup d'état[4] au Burundi, tout est différent. Je vais à Paris, en France.

Je ne vais pas à Bruxelles. Je ne vais pas en Belgique.

En France, je suis l'une des premières top-modèles d'origine africaine.

Est-ce que je suis représentante du Burundi en Europe ? Je pense que oui.

J'aime les parfums, les crèmes et autres produits de beauté de Guerlain.

Je dis souvent que l'élégance est importante pour tout le monde.

Je suis sponsor de *Black Queens*, une exposition photographique à Paris.

Je déteste les conflits entre les Tutsis et les Hutus au Burundi.

Je fais beaucoup pour aider les femmes et les enfants qui sont déplacés.

J'écris un livre biographique. Le titre est *Princesse des rugo*.

Est-ce que je veux être présidente du Burundi ? C'est possible !

4. coup d'état – a sudden takeover of the government

Je m'appelle Guy Laliberté

Je m'appelle Guy Laliberté.

Je suis né en 1959 (mille neuf cent cinquante-neuf) à Québec, au Canada.

Je suis un homme talentueux. J'ai de nombreux talents.

Je suis musicien. Je joue de l'accordéon et de l'harmonica.

Je peux jongler avec des balles et avec d'autres objets.

J'aime prendre des risques. J'aime jouer au poker. Je joue très bien au poker.

J'aime le danger. Je sais cracher du feu[5] ! Quelle sensation !

Je suis l'un des fondateurs du Cirque du Soleil, un cirque sans animaux.

Le Cirque du Soleil offre une expérience spectaculaire au public.

Le soleil est symbole de jeunesse et d'énergie. Et moi, j'ai beaucoup d'énergie.

Je voyage en Polynésie Française où il fait toujours soleil.

J'achète un petit atoll, Nukutepipi. L'atoll est beau. L'eau est belle et claire.

Je fonde One Drop, une fondation importante. L'eau, c'est pour tout le monde.

Je veux voyager plus. Je veux aller partout sur notre belle planète.

Est-ce que je veux voir notre planète de l'espace cosmique ? Oui ! Déjà vu !

Quelle expérience phénoménale d'être touriste spatial avec des astronautes !

Je pense que la vie est pleine d'aventures.

5. cracher du feu – to spit fire

Guy
Laliberté
1959

Marie-José
Pérec
1968

Je m'appelle Marie-José Pérec

Je m'appelle Marie-José Pérec.

Je suis née en 1968 (mille neuf cent soixante-huit).

Je viens de la Guadeloupe, *la Gwadloup* en créole. Je suis française.

La Guadeloupe est une île de l'archipel des Antilles, dans la mer des Caraïbes.

Je suis très sportive. J'adore courir et je cours très, très, très vite.

On m'appelle la Gazelle. On m'appelle la Gazelle des Antilles.

Je vais à Barcelone et à Atlanta pour participer aux Jeux Olympiques (JO).

Je suis championne olympique. J'ai trois médailles d'or. Youpi !

Je vais aussi à Sydney pour participer aux JO, mais il y a des problèmes.

Est-ce que je suis victime du harcèlement de la presse australienne ?

La tension est incroyable. La tension est insupportable.

Je ne participe pas aux JO à Sydney. Je vais à l'aéroport.

Je reste toujours une icône du sport français.

J'adore marcher et j'utilise l'appli BeWalk avec mes amis.

Je pense que l'on est trop sédentaire dans la vie. C'est un gros problème.

Il faut bouger[6] ! Il faut faire bouger le corps[7] et les mentalités.

Je veux aider tout le monde à avoir une vie active et joyeuse.

6. il faut bouger – it's necessary to move / you have to move
7. faire bouger le corps – to make your body move

Je m'appelle Albert Rakoto Ratsimamanga

Je m'appelle Albert Rakoto Ratsimamanga.

Je suis né en 1907 (mille neuf cent sept) à Antananarivo, à Madagascar.

Madagascar est une grande île dans l'océan Indien.

Je viens de Madagascar, alors je suis malgache. J'aime la vie malgache.

Je parle français et malgache. En langue malgache, on dit *malagasy*.

Je suis fasciné par les sciences.

J'ai des diplômes en médecine et en sciences.

Je fais des recherches scientifiques.

Je fais des recherches sur la tuberculose et d'autres maladies.

J'écris des articles sur l'importance de la vitamine C.

Je m'intéresse à la végétation unique malgache.

Je m'intéresse aux plantes médicinales malgaches.

J'ai confiance en la nature. La nature a beaucoup, beaucoup de secrets.

Je sais qu'il existe des solutions naturelles à de nombreux problèmes.

Est-ce qu'il y a un remède naturel pour le diabète ? Je pense que oui.

Je veux aider tous les malgaches, les riches et les pauvres.

Je pense que les humains et la nature sont inséparables.

Albert
Rakoto Ratsimamanga
1907 – 2001

Julia
Child
1912 – 2004

Je m'appelle Julia Child

Je m'appelle Julia Child.

Je suis née en 1912 (mille neuf cent douze) en Californie, aux États-Unis.

Jeune fille, je ne m'intéresse pas à la cuisine, mais aux sports.

Après l'attaque à Pearl Harbor, je fais des recherches pour une agence secrète.

J'y prépare une concoction pour l'agence : un répulsif contre les requins[7].

Cette concoction bizarre est peut-être ma première recette.

Je vais en France avec mon mari, Paul Child. Lui, il adore manger.

Je mange dans un restaurant à Rouen. Oh là là ! C'est une révélation totale !

Je pense que la cuisine française est super. Sublime. Sensationnelle.

Je vais à l'école Le Cordon Bleu à Paris. C'est une école de cuisine.

Il y a un examen difficile. J'ai des difficultés avec l'examen. Zut alors !

Je sais faire des sauces compliquées, mais ce n'est pas sur l'examen.

Je continue à apprendre. Je fais la cuisine française chez moi.

Avec mes amies françaises, j'écris *Mastering the Art of French Cooking*.

Le livre est excellent. J'aime toutes les recettes. Les recettes sont délicieuses.

J'ai une émission à la télévision américaine : *The French Chef*.

Je dis toujours : « Bon appétit ! »

7. un répulsif contre les requins – a shark repellent

Je m'appelle Bilal Hassani

Je m'appelle Bilal Hassani.

Je suis né à Paris en 1999 (mille neuf cent quatre-vingt-dix-neuf).

Ma famille vient du Maroc. Ma mère est une femme exceptionnelle.

Je suis chanteur. Je sais que je suis né pour chanter.

J'aime danser. Je danse et je danse et je danse et je danse et je danse encore.

Je fais des vidéos. Elles sont sur ma chaîne YouTube. J'ai beaucoup d'abonnés.

J'aime Freddy Mercury, Beyoncé, David Bowie, Prince et Lady Gaga.

J'adore porter des vêtements extravagants et je porte souvent des perruques[8].

J'ai des perruques aux cheveux blonds, noirs, bleus, violets et d'autres couleurs.

Est-ce que je veux être un roi ? Je ne sais pas. Mais je suis un roi quand je rêve.

Je pense qu'il faut être soi-même[9]. Ça, c'est l'essentiel.

Je suis victime de harcèlement, mais c'est juste des jaloux.

Je reste fort face à mes critiques. Je suis qui je suis.

Est-ce que je suis une icône pour les personnes LGBTQ françaises? Peut-être.

Je veux éliminer les stéréotypes.

C'est difficile de vivre marginalisé, aliéné, exclu.

Il y a toujours du progrès à faire et moi, je veux faire partie du progrès. Et toi ?

8. perruques – wigs

9. être soi-même – to be oneself

Bilal
Hassani
1999

Carla
Tarini
1962

Meet the author

My name is Carla Tarini.

I was born in 1962, near Chicago, in the United States.

My family loves boxer puppies. We also like to play cards.

At the university, I study French and Italian.

My favorite teacher is Madame Kaplan. Now she is my friend.

I go to Nice, France and stay there for four years.

I have two children and one dog. They are the best!

I like to walk along the beach, swim and do crossword puzzles.

I am a French teacher.

I learn to teach with Comprehensible Input.

My students acquire French very quickly now. Yay!

I love to write stories. I have fun doing research for this biography series.

I find many interesting people– some famous, others less famous.

To me, they are equally important: they are all people.

I hope you enjoy reading these stories.

I hope you enjoy meeting everyone.

I hope you enjoy discovering the French-speaking world.

Amérique du Nord

SAINT-MARTIN
HAÏTI
SAINT BARTHÉLEMY
GUADELOUPE
DOMINIQUE
MARTINIQUE
SAINTE-LUCIE
AMÉRIQUE DU SUD
GUYANE (FRANÇAISE)

Europe, Afrique du Nord, et le Moyen-Orient

Afrique

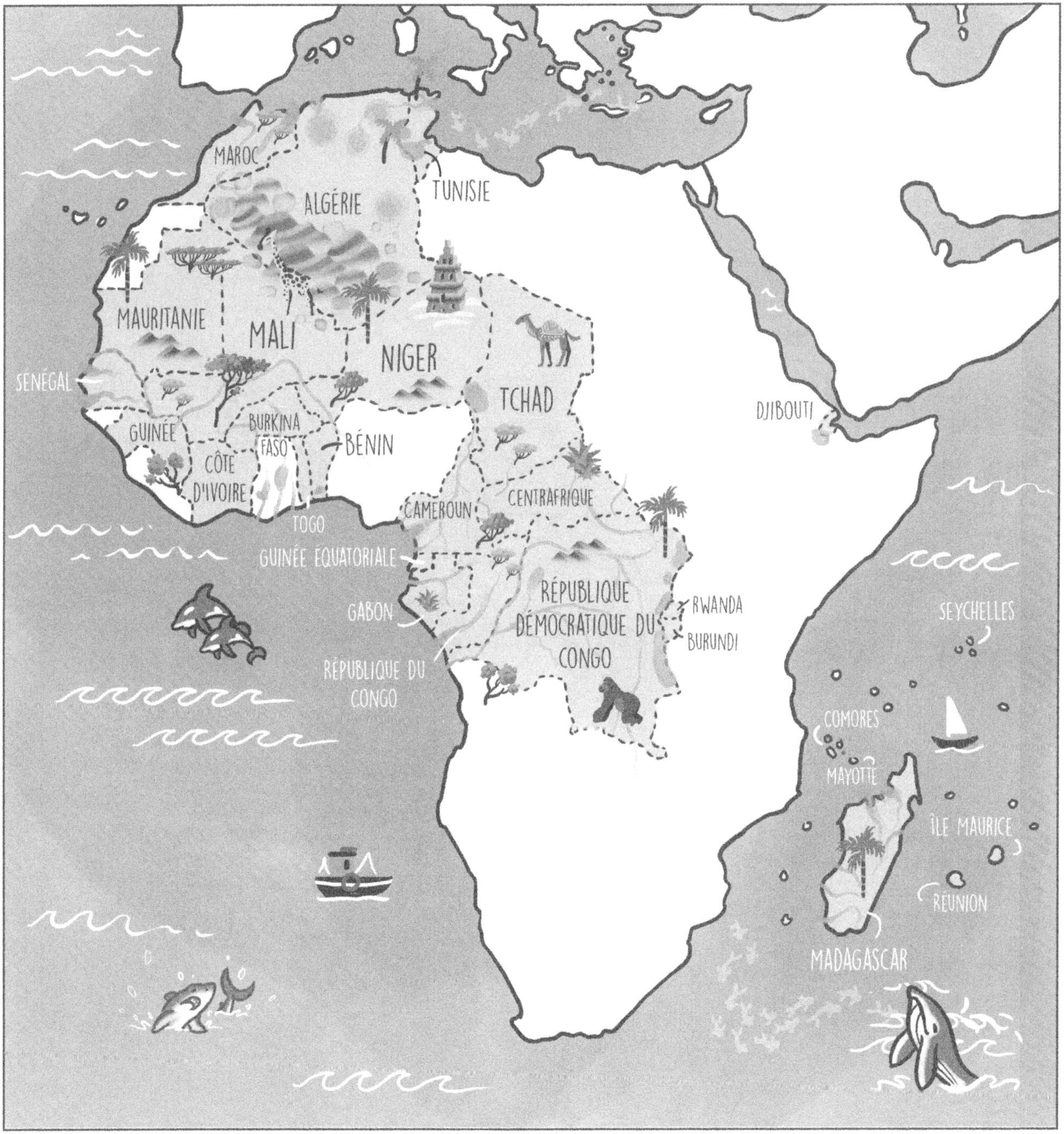
MAROC
TUNISIE
ALGÉRIE
MAURITANIE
MALI
NIGER
SÉNÉGAL
TCHAD
DJIBOUTI
GUINÉE
BURKINA FASO
BÉNIN
CÔTE D'IVOIRE
CAMEROUN
CENTRAFRIQUE
TOGO
GUINÉE ÉQUATORIALE
RÉPUBLIQUE DÉMOCRATIQUE DU CONGO
RWANDA
GABON
BURUNDI
SEYCHELLES
RÉPUBLIQUE DU CONGO
COMORES
MAYOTTE
ÎLE MAURICE
RÉUNION
MADAGASCAR

Asie

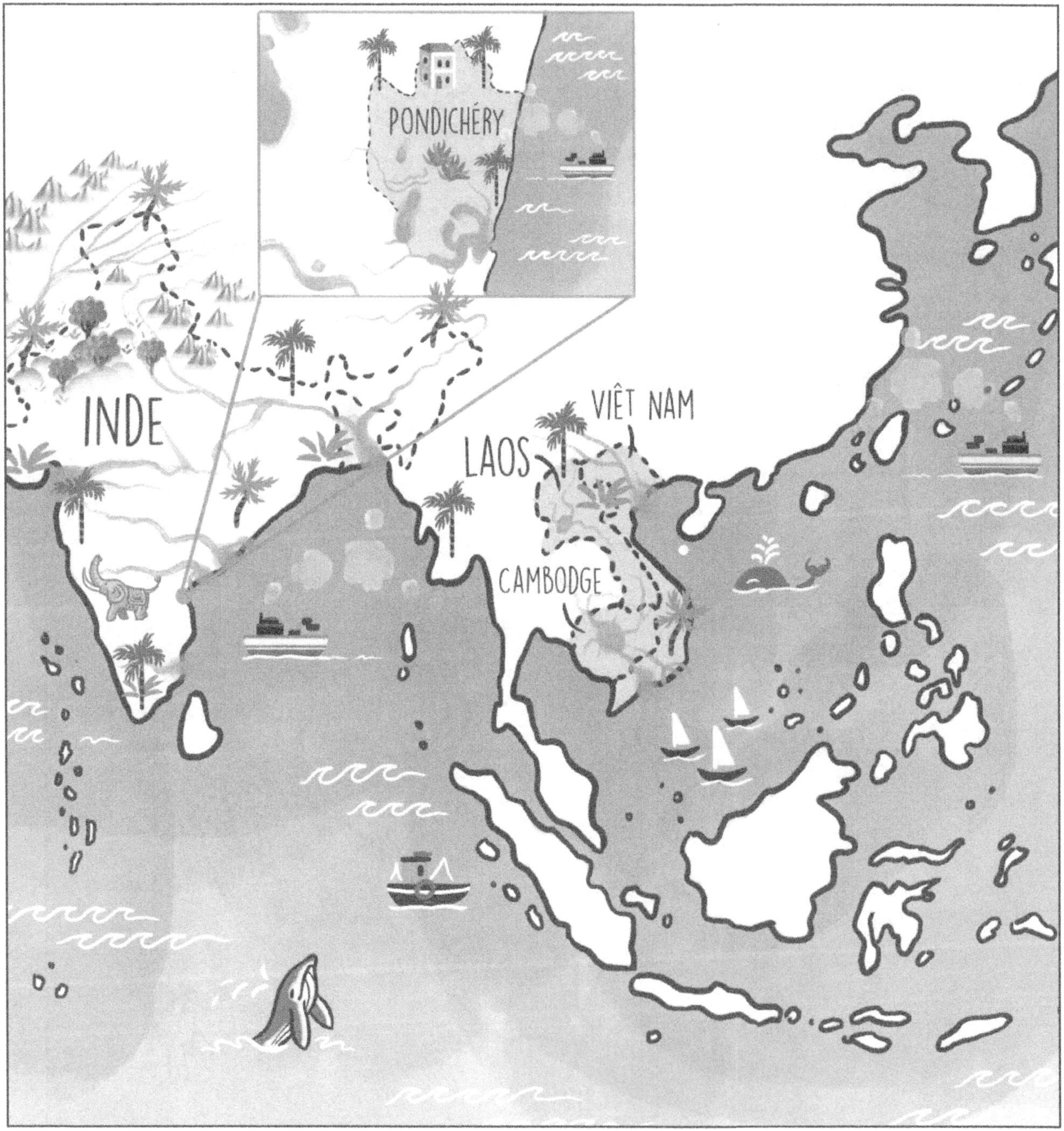

Océanie

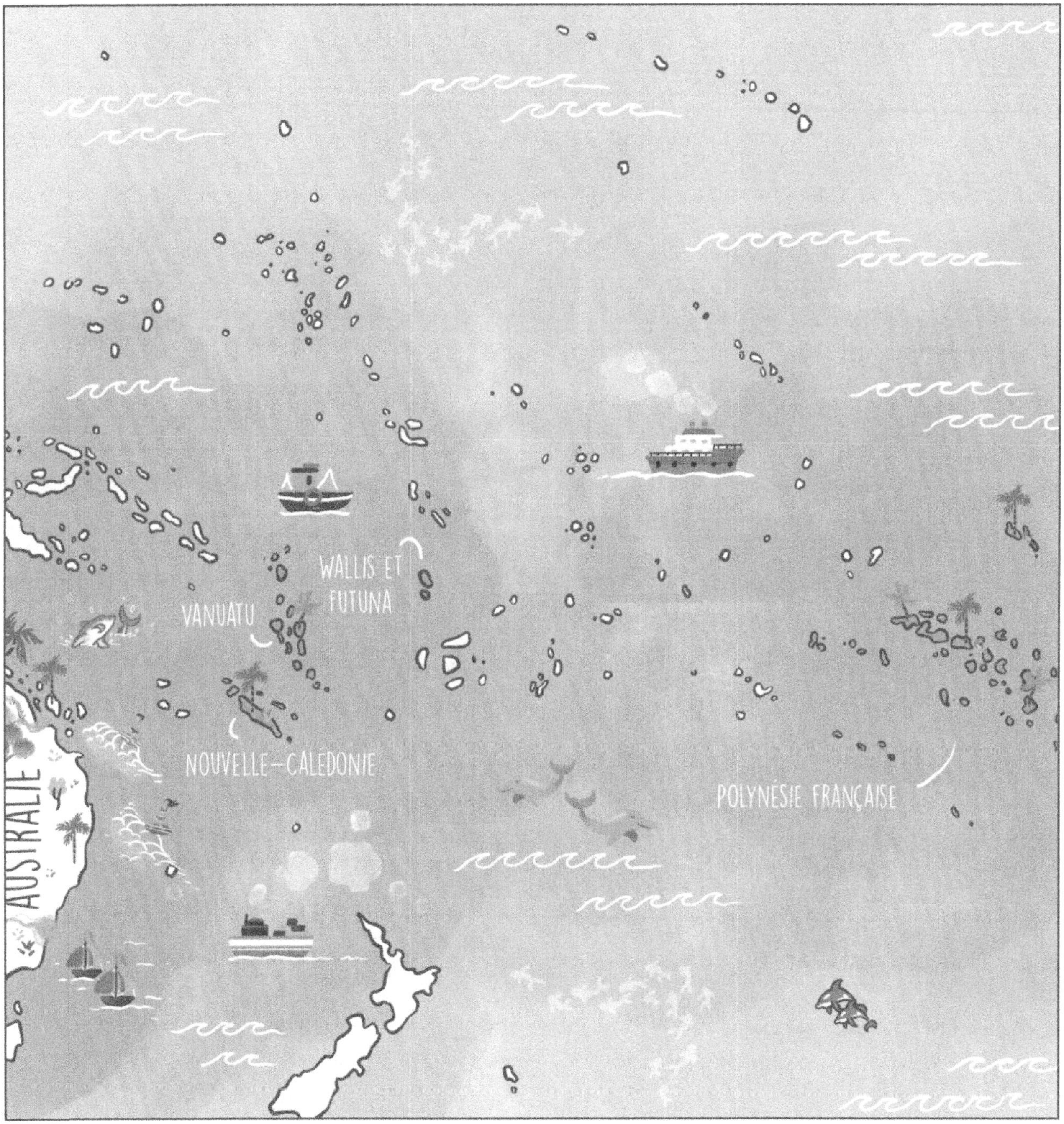

WALLIS ET FUTUNA
VANUATU
NOUVELLE-CALEDONIE
POLYNÉSIE FRANÇAISE
AUSTRALIE

Glossary

A

a	has
à	in; at; to
abonnés	followers
accepte	accepts
accordéon	accordion
achète	buy
active	active
activiste	activist
admirateurs	admirers
adore	adore, love; loves
aéroport	airport
africaine	African
Afrique	Africa
Afrique du Nord	North Africa
agence	agency
ai	have
aider	to aid, to help
aime	like, love; likes, loves
aiment	like, love
Algérie	Algeria
Algériens	Algerians
aliéné	alienated
aller	to go
alors	so
zut alors	darn it
américaine	American
amie(s)	friend(s)
amis	friends
animaux	animals
anticolonialiste	anti-colonialist
Antilles	Antilles
appelle	call
je m'appelle	my name is
on m'appelle	people call me
appétit	appetite
bon appétit	enjoy your meal
appli	app
apprécie	appreciate
apprendre	to learn
après	after
arabe	Arabic
archipel	archipelago
art	art
articles	articles
artiste	artist
artistique(s)	artistic
association	association
astronautes	astronauts
attaque	attack
atoll	atoll
au	in the; at the; to the
jouer au poker	to play poker
aussi	also, too

australienne Australian
autres other
  bien d'autres many others
aux in the; at the; to the
avec with
aventures adventures
avoir to have

B

balles balls
Barcelone Barcelona
beau beautiful
beaucoup a lot; much
beaucoup de/d' a lot of, many
beauté beauty
Belgique Belgium
belle beautiful
beurk yuck
bien well, good
  bien d'autres many others
biographies biographies
biographique biographical
bizarre bizarre
bleu(s) blue
blonds blond
bon good
  bon appétit enjoy your meal
bonne(s) good
bouger move
Bruxelles Brussels

C

c'est it is; that is
ça it; that
  comme ça like that
café café, restaurant
Californie California
capitale capital
capturer to capture
Caraïbes Caribbean
ce it; that
  est-ce que is it that
  n'est-ce pas isn't that so
célèbre famous
cent hundred
ces these
cette this
chaîne channel
championne champion
chanson(s) song(s)
chante sing
chanter to sing
chanteur singer
chaque each
chef chef
cheval horse
chevaux horses
cheveux hair
chez moi at my home
cinq five
cinquante fifty
cirque circus

claire clear
cœur heart
colonialisme colonialism
comme like; as
complètement completely
complexe complex
compliquées complicated
concoction concoction
condition condition
confiance confidence
conflits conflicts
connaître to know
continue continue
contre against
cordon ribbon
corps body
cosmique cosmic
  espace cosmique outer space
couleurs colors
coup d'état overthrow of the government
courir to run
cours run
cracher to spit
créatif creative
crèmes creams
créole Creole
crimes crimes
critiquent criticize
critiques critics
cuisine cooking, cuisine
  je fais la cuisine I cook

D

d' of; from; some
danger danger
dangereux dangerous
dans in; at
danse dance
danser to dance
de of; from
  jouer de la guitare to play guitar
  de luxe luxury
  de temps en temps from time to time
décorative decorative
déjà already
  déjà vu already seen
délicieuses delicious
déplacés displaced
des of the; some
désert desert
dessiner to draw
destin destiny
déteste detest, hate
diabète diabetes
différent different
difficile difficult
difficultés difficulties
diplômes diplomas, university degrees
dire to say
dis say
dit says
dix ten

dixième	tenth
doucement	sweetly, gently
douze	twelve
du	of the; some
jouer du ukulélé	play the ukelele

E

eau	water
école	school
écouter	to listen to
écrire	to write
écris	write
écrivain	writer
effort	effort
élégance	elegance
éliminer	eliminate
elle	she
elles	they
émission	program
en	in; to
en savoir plus	to know more about it
encore	again; some more
endroits	places
énergie	energy
enfance	childhood
enfants	children
énorme	enormous
entre	between
espace	space
essais	essays
essentiel	essential
est	is; east
est-ce que	is it that
n'est-ce pas	isn't that so
Afrique de l'Est	East Africa
et	and
état	state
coup d'état	overthrow of the government
États-Unis	United States
être	to be, being
étudiant	student
examen	exam
excellent	excellent
exceptionnelle	exceptional
exclu	excluded
exil	exile
existe	exist
existence	existence
expérience	experience
extravagant(s)	extravagant

F

face	face, front
facile	easy
faire	to do; to make
faire partie de	to be a part of
fais	do; make
fais partie de	am a part of
fais la cuisine	cook
fait	does; makes
il fait toujours soleil	it's always sunny out

famille family
fantasia horsemanship festival
fantastiques fantastic
fasciné fascinated
fascinée fascinated
faut: il faut bouger you have to move
femme woman
femmes women
feu fire
fille girl
fondateurs founders
fondation foundation
fonde found, establish
font do; make
fort strong
français French
française(s) French

G

garçons boys
gazelle gazelle
Genève Geneva
génie genius
géographie geography
golf golf
grande(s) big, large
grand(s) big, large
gros big, fat
guitare guitar
Gwadloup Guadeloupe

H

harcèlement bullying
harcèlent bully
harmonica harmonica
heureusement fortunately
histoire history
homme man
hommes men
hôtel(s) hotel(s)
huit eight
humaine human
Hutus Hutus

I

icône(s) icon(s)
il he; it
- **il y a** there is; there are
- **il faut** you have to
- **il fait toujours soleil** it's always sunny out

île island
illustration(s) illustration(s)
importance importance
ils they
important important
importante important
impressionné impressed
incroyable incredible
Indien Indian
influence influence
inséparables inseparable
insupportable unbearable

intelligente	intelligent
intéressantes	interesting
intéressants	interesting
intéresse	interests
je m'intéresse à	I'm interested in
intimident	intimidate
Islam	Islam
Italie	Italy
italien	Italian

J

j'	I
jaloux	jealous people
je	I
jeu	game
jeu de chevaux	martial arts on horseback
jeune(s)	young
jeunesse	youth
jeux	games
joie de vivre	zest for life
jongler	to juggle
joue	play
jouer	to play
journaliste	journalist
joyeuse	joyful
juste	just, simply

K

kilomètres	kilometers
kirundi	Kirundi

L

l'	the
la	the
là	there
oh là là	wow; oh my
lacs	lakes
langues	languages
le	the
lentement	slowly
les	the
liberté	freedom
libre	free
lis	read
littérature	literature
livre(s)	book(s)
lui	him
luxe	luxury

M

m'	me; myself
je m'appelle	my name is
ma	my
mais	but
maladies	illnesses
malagasy	Malagasy
malgache	Malagasy, Madagascan
malgaches	Malagasies, Madagascans
mange	eat
manger	to eat
marche	walk

marginalisé	marginalized
mari	husband
mauvaise	bad
me	me; myself
médailles	medals
médecine	medicine
médicinales	medicinal
meilleurs	best
membre	member
même	same
mentalités	mentalities
mer	sea
mère	mother
mes	my
Michel-Ange	Michelangelo
mille	thousand
mini-biographie	mini biography
modèles	models
moi	me
mon	my
monde	world
tout le monde	everyone
musicien	musician
musicienne	musician
musique	music

N

n' ... pas	not
nature	nature
naturel	natural
naturelles	natural
nausée	nausea
ne ... pas	not
né	born
je suis né	I was born
née	born
je suis née	I was born
neuf	nine
noirs	black
nomade	nomad
nombreux	numerous
non-conformiste	nonconformist
nord	north
Afrique du Nord	North Africa
normale	normal
notre	our
nouveau	new
novembre	November
numéro	number

O

obéis	obey
objets	objects
océan(s)	ocean
officielle	official
offre	offers
oh là là	wow, oh my
olympique(s)	Olympic
on	people
où l'on parle	where people speak
oncle	uncle
or	gold

organisation	organization
origine	origin
d'origine africaine	of African origin
ou	or
où	where
d'où viennent	where are ... from
oui	yes
je pense que oui	I think so
ovale	oval

P

Pacifique	Pacific
paix	peace
par	by; through
parce que	because
parfums	perfumes
parle	speak
participe	participate
participer	to participate
partie	part
je fais partie de	I am a part of
partout	everywhere
pas	not
n' ... pas	not
ne ... pas	not
pauvres	poor; poor people
peintre	painter
pense	think
penser	to think
père	father
perruques	wigs
personne	person
personnes	people
petit	small, little
peut	can, is able to
peux	can, am able to
phénoménale	phenomenal
philosophe	philosopher
philosophie	philosophy
planète	planet
plantes	plants
pleine d'	full of
plus	more
la plus célèbre	the most famous
poésie	poetry
poète	poet
poker	poker
politique	politics
Polynésie Française	French Polynesia
porte	wear
porter	to wear
possible	possible
pour	for; in order to
préfère	prefer
première	first
premiers	first
prendre	to take
prépare	prepare
présente	introduce
présidente	president
presse	press, media
prestigieuse	prestigious
princesse	princess

prix	prize
problèmes	problems
produits	products
professeurs	professors
programme	program
progrès	progress
public	public
puis	then

Q

qu'	that
est-ce qu'il y a	is there; are there
qu'est-ce qu'	what
quand	when
quarante	forty
quatre	four
que	that; than
est-ce que	is it that
je pense que oui	I think so
Québec	Quebec
quelle	what; what a(n)
qu'est-ce qu'	what
question	question
qui	who; that
quinze	fifteen

R

réaliste	realistic
recette(s)	recipe(s)
recherches	research
refuse	refuse
région	region
reine	queen
rejettent	reject
religion	religion
remède	remedy
représentante	representative
répulsif	repellent
requins	sharks
résiste	resist
responsabilité	responsibility
responsable	responsible
restaurant	restaurant
reste	remain, stay
retourne	return
rêve	dream
révélation	revelation
riches	rich
risques	risks
roi	king
royale	royal
russe	Russian
rythmes	rhythms

S

sa	his; her
sais	know; know how to
sans	without
sauces	sauces
savoir	to know
en savoir plus	to know more about it
sciences	sciences

scientifiques	scientific
sculpteur	sculptor
sculpture(s)	sculpture(s)
secrète	secret
secrets	secrets
sédentaire	sedentary
sensation	sensation
sensationnelle	sensational
sept	seven
série	series
si	if
située	situated, located
six	six
sœur	sister
soi-même	oneself
soixante	sixty
soixante-dix-sept	seventy seven
soleil	sun
il fait toujours soleil	it's always sunny out
solutions	solutions
sont	are
souvent	often
spatial	space
spectaculaire	spectacular
sport(s)	sport(s)
sportive	athletic
stéréotypes	stereotypes
style	style
sublime	sublime
sud	south
suis	am
Suisse	Switzerland
super	super
superbe	superb
supérieure	superior
sur	on; by
symbole	symbol

T

tahitienne	Tahitian
talents	talents
talentueux	talented
télévision	television
temps	time
de temps en temps	from time to time
tennis	tennis
tension	tension
thème	theme
titre	title
toi	you
top-modèles	top models
totale	total
toujours	always; still
touriste	tourist
tous	all
tout	all; everything
tout le monde	everyone
toute(s)	all
toute ma famille	my entire family
traditionnelle(s)	traditional
très	very
trésors	treasures
trois	three
trop	too much

tropiques	tropics
tu	you
tuberculose	tuberculosis
Tutsis	Tutsis
typique	typical

U

ukulélé	ukulele
un	a; one
une	a; one
je suis l'une des	I am one of the
unique	unique
université	university

V

va	goes
vais	go
végétation	vegetation
versa: vice versa	vice versa
vêtements	clothing
veut	wants
veux	want
vice versa	vice versa
victime	victim
vidéos	videos
vie	life
viennent	come
viens de	come from
vingt	twenty
violets	purple
visiter	to visit
vitamine	vitamine
vite	quickly, fast
vivre	to live
joie de vivre	zest for life
voir	to see
voyage	travel
voyager	to travel
vu	seen
déjà vu	already seen

Y

y	there
il y a	there is; there are
youpi	yippee

Z

zut alors	darn it

List of people in this series

Adjani, Isabelle - Book 1
Adnan, Etel - Book 9
Akendengué, Pierre - Book 5
Alaïa, Azzedine - Book 4
Altrad, Mohed - Book 1
Badiel, Georgie - Book 7
Baldé, Elladj - Book 4
Bardot, Brigitte - Book 9
Ben Abdesslem, Hanaa - Book 3
de Beauvoir, Simone - Book 9
Bologne, Joseph - Book 3
Bonaparte, Napoléon - Book 7
Bonoly, Surya - Book 7
Boupacha, Djamila - Book 9
Brel, Jacques - Book 3
Chadid, Merieme - Book 7
Chanel, Coco - Book 6
Chartrand, Martine - Book 7
Chenier, Clifton - Book 2
Child, Julia - Book 10
Cixous, Hélène - Book 8
Claudel, Camille - Book 4
Cohen-Tannoudji, Claude - Book 2
Coleman, Bessie - Book 3
Coquerel, Flora - Book 6
Cousteau, Jacques - Book 3
Curie, Marie - Book 1
Damas, Léon - Book 7
Depardieu, Gérard - Book 5
Descartes, René - Book 8
Diome, Fatou - Book 4
Dion, Céline - Book 4
Dumas, Alexandre - Book 9
Dutrieu, Hélène - Book 2
Eberhardt, Isabelle - Book 10
Eiffel, Gustave - Book 5
Faure-Vidot, Magie - Book 2
Flessel-Colovic, Laura - Book 8
Flon, Catherine - Book 5
Fontenot, Mary Alice - Book 5
de Gouges, Olympe - Book 1
Grand-Pierre, Jean-Luc - Book 5
Hassani, Bilal - Book 10
Hima, Mariama - Book 4
Kamatari, Esther - Book 10
Karembeu, Christian - Book 1
Khelfa, Farida - Book 1
Kpomassie, Tété-Michel - Book 2
Laliberté, Guy - Book 10
Lê, Nguyên - Book 7
Lewis Guillory, Ida - Book 1
Louis XIV - Book 9

Dedication

To Su Pesa and Alisa Shapiro: You are the best colleagues and friends. May language teachers around the world have as much fun at their jobs as we do. Aloha!

Acknowledgments

First, I would like to thank Kirstin Plante of Arcos Publishers. You jumped on board with this project after one conversation and you didn't mind its ever-expanding scope. Thank you for your confidence, for finding our illustrator, and for working on every aspect in true partnership. It has been a pleasure to work with you.

Next, several people reviewed these stories at various stages. Thank you to Isabelle Kaplan and Bertrand Cocq who provided valuable feedback early on. Thank you to Cécile Lainé, Bernard Rizzotto, Françoise Mishinger, Nelly Adelard and Patrick Parisien, who caught typos and ensured that the text sounded natural. Bernard and Cécile, you understood my vision immediately and I'm grateful for your encouragement. Indeed, an extra thank you is in order for Cécile, who attentively reread the series after I decided to lengthen many of the biographies. Our copy editor, Anny Ewing, put the final set of eyes on the books. Anny, thank you for your sharp-eyed reading, spot-on suggestions and kind praise. Your support was invaluable. I am also grateful to Esther Rosier, our illustrator. Her beautiful drawings offer multiple layers of exploration for readers and teachers.

I wouldn't have started to teach with Comprehensible Input if not for Donna Tatum-Johns, whom I saw at my first TPRS workshop. Within 10 minutes, I knew I was in the exact right place. At subsequent CI trainings, I learned from Blaine Ray, Carol Gaab, Karen Rowan and Jason Fritze. I'm lucky to have met you all. Although you didn't know of my efforts to write this series, you certainly had a role in shaping my desire to do so.

To my 6th grade students of the past few years: it has been gratifying to watch you choose these stories during our reading time and then ask if I would write more. I wrote these for you.

And finally, to my children, Jaco and Eliana, to my siblings Eva and Paul, and to my beau, Iñigo. You are always there for me, even when I'm busy behind the computer screen. And to my lovely parents... I can almost hear Dad reading these stories aloud to Mom with his best French accent.

A note to teachers & students

French is the official language of over two dozen countries and nearly 300 million people speak it today. Of course, the language sounds somewhat different from one country to the next, but it is beautiful everywhere you hear it. French is the 5th most widely spoken language in the world and it is estimated that by the year 2050, there will be over 700 million French speakers. Welcome to the club!

Qui parle français ? is a cultural stepping stone for French students ages 11 to 99. Written with simple elegance, the 100 biographies in this 10-book series target high-frequency language and abound with cognates.

Engaging illustrations accompany each story. This pairing offers the teacher a rich platform for providing compelling input. The cross-curricular tie-ins are numerous: geography, history, arts, literature, sports, business, science, fashion and more.

The intersection of culture, language, race, politics and gender is thought-provoking. The *Qui parle français ?* series is for anyone curious about French languages and French-speaking cultures.

What is in the books?

- 6 maps of the French-speaking world are found in each book.
- A complete glossary is provided in the back.
- The books can be read in any order, and the stories within each book can be read in any order.
- From Book 1 to Book 10, the total number of words per book increases from around 1,300 to 1,900 words. This book has 1,878 words.
- Each book contains approximately 450 to 550 unique words, counting each word form (importance, important, importantes) and each verb form (veut, veux, veulent) as separate words. This book has 549 unique words. Most of these words also appear in the other books of this series.
- Each story has between 130 and 190 words.
- Each story is written in the present tense and in the first person.

Teacher's Guide

A Teacher's Guide will be available at www.arcospublishers.com. The Teacher's Guide contains brief explanations on providing comprehensible input with trusted language teaching techniques developed by CI teachers, such as: Picture Talk, Story Listening, Special Person Interviews, Story Asking, One Word Images and more.

Arcos novels connect people to the world
People who acquire a new language learn more than just language skills. We also learn to understand the lives and habits of another culture. We need stories to gain insight into the countries where the language is spoken, and to understand and connect to the people who live in those countries: stories about people in their own environment; about travelers who visit the country or newcomers who are learning how to get around; and stories about historical characters that you may encounter in street names, movies, or books. All these stories enhance our understanding and empathy for cultures that are different from our own.

Arcos novels connect people to people
Even in the simplest novels, the psychology of the characters is realistic and layered, so that it is easy for the reader to connect to them and relate events and emotions to their own lives and experiences. Arcos stories are mostly upbeat and light, using a mild humor which allows for more serious topics to be treated while still maintaining a positive feel. Furthermore, our novel collection embraces an inclusive approach, offering positive role models from different cultures, genders, ages, and abilities.

Arcos novels connect people to the language
Reading stories in a new language not only creates connections between language and daily life, culture, emotions, prior knowledge, and experience, but also enhances language acquisition. For us to acquire new language, repeated exposure to words and language structures is essential. That is why all the key, high-frequency words that appear in this series are repeated several times in each book, and many times throughout the series. Readers recognize these words with increasing ease with each encounter, thus creating space in their minds to understand a greater variety of sentence structures. Even in beginner level novels, readers comprehend more complex sentences when the words are easily recognizable, helping them become more agile with the language as they read.

ARCOS
PUBLISHERS

Made in the USA
Monee, IL
11 November 2026

68341119R10031